司馬光和《資治通鑑》

司馬光和《資治通鑑》

馮惠民 著

中和出版
OPEN PAGE

出版緣起

我們推出的這套「大家歷史小叢書」，由著名學者或專家撰寫，內容既精專、又通俗易懂，其中不少名家名作堪稱經典。

本叢書所選編的書目中既有斷代史，又有歷代典型人物、文化成就、重要事件，也包括與歷史有關的理論、民俗等話題。希望透過主幹與枝葉，共同呈現一個較為豐富的中國歷史面目，以饗讀者。因部分著作成書較早，思想和主張有作者所處時代的印記，作者行文用語也具時代特徵，我們尊重及保持其原貌，在行文上也不做現代漢語的規範化統一。

中和編輯部

目錄

司馬光字君實，宋陝州夏縣（今山西夏縣*）涑水鄉人，故稱「涑水先生」。他是我國古代偉大的歷史學家和北宋時期著名的政治家。

司馬光出生於官僚地主家庭。他的父親司馬池，歷仕宋真宗（九九八—一〇二二在位）、宋仁宗（一〇二三—一〇六三在位）兩朝，官至天章閣待制、三司副使[①]。人稱「天章公」，為一時名臣。宋真宗天禧三年（一〇一九），司馬池在光州光山縣（今河南光山）任縣令時，司馬光生於光山縣官舍。這就是他取名司馬光的由來。

仁宗景祐五年（一〇三八），司馬光二十歲，中進士甲科。不久，父母先後亡故，他服喪數年；服除以後，便到京師汴京（今河南開封）去做官。宋仁宗末年，官至天章閣待制兼侍講。宋英宗（一〇六四—一〇六七在位）時為龍圖閣直學士[②]。宋神宗（一〇六八—一〇八五在位）即位後，任翰林學士兼侍讀學士、御史中丞[③]等職。王安石（一〇二一—

一〇八六）變法時，他極力反對，受到排擠，於是退居洛陽，專心編寫《資治通鑑》。宋哲宗（一〇八六——一一〇〇在位）即位後，高太后聽政，司馬光應召入京，主持政事，任尚書左僕射兼門下侍郎（宰相）。他在短短的幾個月裡，就把王安石的新法全部廢止。哲宗元祐元年（一〇八六）九月，司馬光病死，卒年六十八歲，被追贈為「溫國公」，謚號「文正」，所以後代學者稱之為「司馬溫公」或「司馬文正公」。

司馬光的著作很多，《宋史．藝文志》著錄的就有數十種。清朝乾隆年間（一七三六——一七九五）編撰的《四庫全書》④，收入的也有十餘種，主要有《資治通鑑》二百九十四卷，《資治通鑑目錄》三十卷，《資治通鑑考異》三十卷，共三百五十四卷。此外還有《司馬溫公傳家集》（簡稱《傳家集》）八十卷，《稽古錄》二十卷，以及《涑水紀聞》等。其中《資治通鑑》最負盛名。清代著名學者王鳴盛（一七二二——一七九七）

等人稱它為「天地間必不可無之書，亦學者必不可不讀之書」。這是很有道理的。

司馬光之所以能夠完成《資治通鑑》，成為偉大的歷史學家，這跟他自幼腳踏實地、刻苦讀書是分不開的。

注釋：

① 天章閣是宋真宗晚年在宮中建立的藏書閣。宋仁宗時專藏真宗遺墨，並設置待制官，擔任皇帝顧問。三司（鹽鐵、戶部、度支）副使是掌管錢穀出納和財政收支的高級副官。

② 龍圖閣是宋真宗時修建的藏書閣，收藏宋太宗（九七七—九九七在位）御書、文集、典籍、圖畫等。設有學士、直學士等官，是皇帝侍從的榮銜。

③翰林學士是皇帝的親近顧問和秘書官，負責草擬皇帝的詔書和文告。御史中丞是中央監察機關的高級官員。

④《四庫全書》分經、史、子、集四部，共收書三千五百零三種，七萬九千三百三十七卷。乾隆三十七年（一七七二）開館纂修，十年後完成。是一套內容廣泛、規模浩大的叢書。

* 編者注：本書撰寫於二十世紀六十年代，書中所用地名依寫作時的行政區劃，為體現行政區劃的建制沿革，保持原文，不依現在行政區劃妄改。

一　勤奮好學的司馬光

司馬池對司馬光從小就管教很嚴。有一次，司馬光要吃青核桃，他姐姐給他剝皮，怎麼也剝不掉。有個女傭人心靈手巧，用開水燙了一會兒就剝開了。後來姐姐問他是誰剝開的，司馬光說是自己剝的。這話被司馬池聽到了，便狠狠地訓斥他，說：「小孩子怎麼能撒謊！」從此以後，司馬光再也不說假話。當時，司馬光只有六歲。

也是在六歲的時候，司馬光在父兄的督促、教育下，開始讀書、寫字。七歲時，他就去聽人家講《左傳》，覺得津津有味；回家後，還學着給家裡人講。據說，當時他對《左傳》的大意，已經有所了解。

從那以後，他讀書的興致越來越濃，經常是手不釋卷。

司馬光懂得時間的寶貴。為了抓緊時間讀書，他用一截圓木當枕頭，稱為「警枕」。每天夜裡，「警枕」一滾動，他就立即起床，伏案讀書。久而久之，便養成了刻苦讀書的良好習慣。

司馬光聰明機智，肯動腦筋，很會思考問題。有一次，他跟幾個小孩兒在花園裡玩耍，一個小孩兒不小心掉到水缸裡，情況十分危急。其他幾個小孩不知該怎麼辦好，嚇得紛紛走散。只有司馬光十分冷靜，他不慌不忙地揀起一塊石頭，使勁兒把水缸打破。水從洞裡流出，掉在缸裡的小孩兒也得救了。據說，這個故事曾被畫成圖畫，在汴京、洛陽一帶廣為流傳。

古人讀書往往強調背誦，有「朝誦之，夕思之」的說法。司馬光十幾歲的時候，就是這樣要求自己的。當時跟他一塊兒讀書的叔伯兄弟，一旦會背了，就都丟下書本出去玩耍。司馬光卻獨自留下來，繼續讀下去，直到背得滾瓜爛熟，弄通弄懂才肯罷休。他覺得，只有多下功夫，多用力氣，才能真正把知識學到手，做到終生不忘。平時，不論是白天騎馬走路，還是夜裡睡不着時，他都不肯讓時間白白跑掉，不是抓緊背誦，就是認真思考問題。所以，他很早就表現出一定的才華。據宋代大文學家蘇軾（一〇三七—一一〇一）說，司馬光在十五歲的時候，已經很有學問；他寫的文章，古樸、淳厚，有西漢風格。

司馬光是富貴人家子弟，從小卻養成了儉樸的品質，這是難能可貴的。他以節儉樸素為榮，以華靡奢侈為恥，在飲食、衣着等方面，從不過分追求。用他自己的話說，那就是「視財利紛華，如惡惡臭」。到晚年，他專就這個問題給兒子司馬康寫過一封信。信中說，穿衣不過是為了禦寒，吃飯不過是為了充腹。許多人因此嘲笑他，說他太簡陋；他毫不介意。他舉出許多靠儉樸而成就大業、名揚後世，和因追求奢侈而一事無成，甚至身敗名裂的具體事例，來說明「以儉立名，以侈自敗」的道理，諄諄告誡司馬康。

另一方面，司馬光對待書籍卻珍愛備至，視為無價之寶，翻閱時小心謹慎，遇到好天氣，還拿出去晾曬。所以即使翻讀了幾十年，仍然像新書一樣。他對兒子說：「商賈收藏的是金錢貨幣，我們儒生，只不過有些書籍而已。」後來，當司馬光病死的時候，室內陳設蕭然，圖書盈几。在枕邊還放着一本剛剛讀過的書籍。

當然，司馬光生活在階級矛盾十分尖銳的封建社會裡，他又是地主階級的代表人物，所以，對他的節儉也要作具體分析。司馬光退居洛陽以後，曾買田二十畝，修建了一座獨樂園。裡面有讀書堂、弄水軒、釣魚菴、種竹齋、採藥圃、澆花亭、見山台等，景致秀麗。舉目見青山，俯視有流水。在宋代洛陽名園中，它以小巧玲瓏、幽靜淡雅著稱。由此可見，司馬光雖然比同一時代、同一階級的許多人要儉樸些，但是，跟掙扎在死亡線上的千百萬勞動人民相比，又有天壤之別。何況，對司馬光的記載，史書中又往往有誇大的成分。

不過，司馬光生活節儉，不事鋪張的可貴品質以及刻苦讀書、善於思考的學習精神，在古代著名學者中是比較突出的一個。以後，司馬光立志編寫《資治通鑑》，並在史學上做出偉大貢獻，跟他的可貴品質和學習精神是分不開的。

二　司馬光以前的編年體和紀傳體

我國歷史悠久，文化發達；漢唐以後，圖書漸多。僅就史書而言，《隋書．經籍志》已經把史部分為正史、古史、雜史等十三類，著錄八百一十七部，凡一萬三千二百六十四卷。《舊唐書．經籍志》、《新唐書．藝文志》，著錄的史書都續有增加。就史書的體裁而言，宋以前的正規史書主要有編年體和紀傳體兩種。

一般認為，最早的編年體史書是《左傳》①。

相傳孔子（前五五一—前四七九）曾整理、修訂過魯國的史書《春秋》。由於《春秋》敘事過於簡略，每條少的只有一兩個字，多的也不過二十餘字，所以左丘明等又根據當時各國的史料，作了增補、充實和解釋，並跟《春秋》的部分條目編在一起，稱為《左傳》。以後又叫《左氏春秋》或《春秋左氏傳》。

《左傳》記事起於魯隱公元年（前七二二），實際終於魯悼公十四年（前四五四）。它以時間為綱，按照年月次序敘述了二百六十多年的歷史。這種年經事緯的史書體裁，被稱為編年體。由於編年體以事繫日、以日繫月、以月繫時、以時繫年，把同一時間發生的各種事件編排在一起，所以脈絡清楚，一目了然，容易看出這些事件之間的聯繫。同時，它對一國一族的興衰治亂的緣由和經過，敘述也比較詳盡。據說春秋各國都有過各自的編年史，只是名稱不同而已。

不過，編年體也有它的缺點和局限，如對人物的生平事跡和典章制度，敘述就比較簡略。所以，西漢著名史學家司馬遷（約前一四五—前九〇），又創立了紀傳體。

司馬遷的《史記》，包括「本紀」十二篇，「世家」三十篇，「列傳」七十篇，「表」十篇，「書」八篇，凡一百三十篇。其中「本紀」專載帝王事跡，「世家」講王侯封國歷史，「列傳」主要是各類名人或少數民族的傳記。這種以人物傳記為主的史書體裁，被稱為紀傳體。

東漢時，班固（三二—九二）的《漢書》，門目上雖有所改易[②]，但是，《史記》開創的基本體例卻被繼承下來，以後各史也因循不改。到司馬光時，「十七史」[③]以及後晉劉昫的《舊唐書》和薛居正的《舊五代史》，共十九部紀傳體史書，都已先後問世。這就是古代史學家所說的「正史」，即正統史書。

紀傳體既以人物為中心，查找歷代名人的生平事跡就比較方便；對各種典章制度也有專篇記述。這是它長於編年體的地方。同時，紀傳體史書，前後相續，代有其作，保存了上自黃帝，下迄五代，約三千多年的豐富史料，成為我們中華民族的寶貴文化遺產。

不過紀傳體史書大都是包舉一代的斷代史，只有《史記》是貫古通今的通史；每一部史書，又都是卷帙浩繁，動輒數十萬言。同時，紀傳體本身也有它的缺點和局限。它在編排上往往以類相從，不大講究時間的先後，《史記》把屈原和賈誼合為一傳就是一個例子。同一個事件，往往這裡講了，那裡又講，頭緒紛雜；同一個內容，前後屢出，重複很多。對許多事件的歷史背景和發生的具體年代，有的記載簡略，有的則缺而不書。這些問題，前人已多有批評。

所以，早在東漢末年，漢獻帝（一八九—二二〇在位）就嫌《漢書》文繁難省，讓史學家荀悅（一四八—二〇九）仿照《左傳》的體例，把長達八十多萬字的《漢書》，改編成只有八萬多字的《漢紀》。《漢紀》的史料幾乎完全取自《漢書》，但它文辭簡潔，敘事詳盡，剪裁得體，又稍有增益，如對西漢末年河北銅馬農民起義的記載，就比《漢書》詳細。《漢紀》又不同於《左傳》。《左傳》是解釋《春秋》、附屬於《春秋》的；《漢紀》則是自著一書，獨立成篇，從而開創了新的編年體。所以受到漢唐學者的重視。

唐代史學家劉知幾（六六一—七二一）說，歷代學者都很推崇《漢紀》，認為它超過了紀傳體。他指出，班（固）、荀（悦）二體，角力爭先，想廢掉哪一個都是難以做到的。所以以後的作者，超不出這兩種體例。這是符合實際情況的。到魏晉南北朝時，專記東漢歷史的紀傳體史書就有九家④，還不包括范曄（三九六—四四六）的《後漢書》；編年體史書則有晉張璠和袁宏（三二八—三七六）先後寫成的兩家《後漢紀》。不過流傳到今天的，只有范曄的《後漢書》和袁宏的《後漢紀》。有關其他朝代的史書，情況也大致如此。

由於編年體和紀傳體各有優劣，所以漢代以來，它們相輔相成，並行於世。不過，封建統治者對編年體重視不夠，所以，編年體史書往往時有時無，沒有像紀傳體那樣形成一套前後銜接的系統史書，就是已經問世的也往往散失。同時，無論是編年體還是紀傳體，幾乎都是斷代史。像《史記》這樣囊括古今，包羅萬象的通史規模，卻長期無人繼承。

到了宋代，隨着社會經濟的發展和文化科學的繁榮，人們更迫切需要了解歷史、研究歷史；同時，經過長期戰亂，宋代統治階級也想總結歷代政治得失，作為鞏固封建統治的借鑑。所以，單靠浩繁難讀的紀傳體斷代史書，已經不能滿足社會的需要，而編寫一部簡明扼要、貫古通今的編年體通史，便提上了日程。正是在這樣的歷史條件下，才產生了司馬光的《資治通鑑》。

注釋：

①西晉太康年間（二八〇—二八九）在河南汲縣魏王墓裡發現的《竹書紀年》，也是最早的編年體史書，不過宋時已經亡佚。清代王國維的《古本竹書紀年輯校》可資參考。

②《漢書》把「本紀」省稱為「紀」，把「書」改稱為「志」，取消了「世家」。

③「十七史」之名，始見於《宋史·藝文志》。指司馬遷的《史記》，班固的《漢書》，范曄的《後漢書》，陳壽的《三國志》，房玄齡的《晉書》，沈約的《宋書》，蕭子顯的《南齊書》，姚思廉的《梁書》和《陳書》，魏收的《魏書》，李百藥的《北齊書》，令狐德棻的《周書》，魏徵的《隋書》，李延壽的《南史》和《北史》，宋祁、歐陽修的《新唐書》，歐陽修的《新五代史》。

④ 指東漢劉珍的《東觀漢記》，吳謝承、晉華嶠、晉謝沈、晉袁山松以及劉宋劉義慶五家的《後漢書》，晉張瑩的《後漢南記》，晉薛瑩的《後漢記》，晉司馬彪的《續漢書》。均已亡佚，少數尚有後人輯本。

三 《通鑑》的始編和名稱的由來

青年時代的司馬光，篤好史學，對歷史特別用心，同時又深深體會到讀書的困難。造成這種困難的原因之一是活字印刷術發明以前，圖書流傳不廣，許多史籍在民間很難找到。司馬光在寫給劉恕的一封信中說，他小時候，讀了一本唐朝高峻寫的《高氏小史》就覺得很不錯了。不僅他自己如獲至寶，而且還把它推薦給別人。其實《高氏小史》是根據《史記》至《隋書》等紀傳體史書抄纂而成的，並不是有名的著作。至於從南朝劉宋到隋這一時期的「正史」，有的他根本沒有讀過，有的他雖說讀過，卻並不熟悉；直到以後編寫《通鑑》時，他才有機會去細讀這些紀傳體史書，並認為唐李延壽的《南史》、《北史》，敘事簡潔，沒有煩冗蕪穢之辭，是近世之「佳史」。

蘇軾比司馬光小十八歲。他在《李氏山房藏書記》中這樣寫道：我曾經聽老先生們說，他們小時候，想找《史記》、《漢書》都很困難；幸而找到了，還要逐字逐句地親自抄寫，然後才能去讀。這大體上反映了司馬光年輕時讀書難的情況。

宋仁宗慶曆年間（一〇四一—一〇四八），畢昇發明了活字印刷術，這正是司馬光二十多歲的時候。此後，宋仁宗便下令校定、摹印「正史」。不過活字印刷術的普及、推廣以及書籍的廣泛流傳，要有一個過程。所以，司馬光在同一封信裡還感歎地說，天下人家能有幾本？古人讀書之難，由此可以想見。

讀書困難的另一個原因，是紀傳體史書的卷帙浩繁。僅就「十七史」而言，就有一千五百卷，全部讀完要花好幾年的時間。所以，一般讀書人，很少能從頭至尾通讀一遍，更談不上精通它了。加上紀傳體史書本身體例上的局限，使用起來也不很方便。所以，司馬光說，這些史書文繁事廣，讀者往往不能得其要領。

閱讀史書雖然困難，但對封建統治階級來說，又至關重要。司馬光認為：「史者今之所以知古，後之所以知先，是故人君不可以不觀史。」因為史書記載着古今興衰治亂的原因，皇帝不能不知道。鑑於皇帝無暇閱讀文字繁多的各紀傳體史書，又必須遍知前世得失，於是他決定「上自戰國，下至五代，『正史』之外，旁採他書，凡關國家之盛衰，繫生民之休戚，善可為法，惡可為戒，帝王所宜知者，略依《左氏春秋》體，為編年一書」。

這就是說，司馬光立意寫編年史的原因是嫌紀傳體煩冗難讀，欣賞編年體的簡明扼要；他編寫的目的是，讓皇帝觀古知今，以史為鏡，從歷代興衰治亂中鑑戒得失，總結經驗教訓，鞏固封建統治。史學是社會意識形態的重要組成部分，它從來就離不開政治；封建史學家也把史書的編纂視為鞏固地主階級政權的重要手段之一。對於這一點，司馬光是了解得很清楚的。

司馬光計劃寫編年史，並對這部史書的基本輪廓醞釀成熟，大約在宋仁宗嘉祐年間（一〇五六—一〇六三）。當時正是他三十八歲到四十五歲的時候。到英宗治平元年（一〇六四），司馬光寫成《曆年圖》[①]，進呈給宋英宗。它按年代順序，譜列每年大事。每年一行，六十行為一重，五重為一卷，共五卷。在起迄時間和具體體例上與以後的《通鑑》大致相同。這說明《曆年圖》是《通鑑》的雛型或提綱。

兩年以後，司馬光又完成了《周紀》五卷、《秦紀》三卷，並取名《通志》，於治平三年（一〇六六）進呈給宋英宗。《通志》八卷從周威烈王二十三年（前四〇三）韓、趙、魏三家被封為諸侯寫起，到秦二世三年（前二〇七）秦朝滅亡為止，敘述了戰國七雄的興亡事跡。這是司馬光獨立撰寫編年體通史的開始，《通志》就是《通鑑》的前身。

由於《通志》的編寫意圖，完全符合統治階級的需要，在學術上也有突出的成就，所以宋英宗對《通志》八卷十分欣賞，認為它勝過了荀悦的《漢紀》，是前所未有的著作。但是，他不同意《通志》這個名稱，只說讓司馬光「編修歷代君臣事跡」，續成八卷以下的未竟之篇，等書成以後再取旨賜名。由於這一工作繁難浩大，一個人難以勝任，宋英宗又答應了司馬光的請求，同意設立書局，並讓司馬光推薦人才。這樣，在最高統治者的支持和贊助下，這部編年體史書又進入了集體編修的新階段。

第二年，即英宗治平四年（一〇六七）正月，英宗去世，神宗即位。不久，宋神宗正式把這部書命名為《資治通鑑》，並親自預寫了一篇序言，表示贊助。宋神宗不僅重視史書的編修，而且認為「為史但當實錄，以示後世」。他對史書的繁冗也很不滿意。這跟司馬光的看法不謀而合。所以，宋神宗的支持，保證了《通鑑》的順利完成。

注釋：

① 到哲宗元祐元年（一〇八六），司馬光又以《曆年圖》為基礎，補續成《稽古錄》。這是上起伏羲下至英宗治平四年（一〇六七）的編年體大事記。《曆年圖》就保存在《稽古錄》中。

四　書局的成立和分工

宋英宗治平三年（一〇六六）四月書局成立時，司馬光推薦了劉恕和趙君錫。趙君錫因父親去世不能參加，改由劉攽代替。這樣，劉攽和劉恕便成為書局前期的兩個助手。

劉攽（一〇二三—一〇八九），字貢父，號公非，臨江新喻（今江西新餘）人。宋仁宗慶曆六年（一〇四六）進士。曾在州縣做了二十年的地方官，在汴京任館閣校勘。宋哲宗時，官至中書舍人[①]，是北宋著名的歷史學家。他不僅精通六經[②]，而且「能讀典墳丘索之書[③]，習知漢魏晉唐之事」，學問十分淵博。

劉攽的哥哥劉敞（一〇〇八—一〇六九），字原父，號公是。他善於獨立思考，酷愛金石器物，是宋代最早批評漢儒的學者之一，也是金石學的先驅者。

劉氏兄弟對《漢書》很有研究。由於《漢書》文字艱深，連東漢時的學者都認為非常難懂，所以唐代訓詁學家顏師古（五八一—六四五）的《漢書注》問世以後，備受推崇。劉氏兄弟和劉奉世（劉敞之子），對《漢書》舊注詳加考辨，拾遺補缺，多有發明。當時被稱為三劉《漢書》之學，聲譽很高。

劉攽入局時四十四歲，主要負責兩漢部分的起草工作。他的主要著作有《東漢刊誤》、《彭城集》、《公非先生集》等。

劉恕（一〇三二—一〇七八），字道原，筠州（今江西高安）人。

宋仁宗皇祐元年（一〇四九）進士。曾任翁源（今廣東翁源）縣令（一說和川令）。早在劉恕考進士時，司馬光就很賞識他的才華。成立書局時，司馬光推薦的第一個人就是劉恕。司馬光對宋英宗說：「館閣文學之士，固然很多，但專門精通史學的，只有劉恕一人。」魏晉南北朝這段歷史是劉恕的專長，他對魏晉以後的事，考證差謬，最為精詳。不過，劉恕興趣廣泛，知識淵博，並不限於某朝某代的歷史。當時，能夠通讀《史記》、《漢書》，就算是博學了，劉恕遠遠不止於此。司馬光在《劉道原十國紀年序》中說，不論是紀傳體各史，還是閭里所錄，私記雜說，他無所不覽。談起歷史來，如黃河決口，滾滾無窮。上下數千年間，事無大小，他都了如指掌，有根有據，令人不覺心服。

劉恕入局時三十五歲，對《通鑑》的編修出力最多，貢獻最大。不僅全書的討論，義例的制定，多採劉恕的意見，而且對史實紛雜，難以處理的問題，也都交給劉恕。劉恕主要負責魏晉南北朝至隋這一段的起草工作；唐以後，五代十國時期，國家分裂，群雄競逐，頭緒繁多，史籍紛雜，其他人難以勝任，所以這一部分的起草工作，也曾交給劉恕去做。遺憾的是，這位才華橫溢的年輕史學家，只活了四十六歲，沒有等到《通鑑》完成，就不幸病故了。

由於劉攽只在書局呆了五年，到熙寧三年（一〇七〇）四月，已準備調離汴京，到泰州（今江蘇泰州）去做通判④，所以，同年六月，書局又來了個范祖禹。

范祖禹（一〇四一——一〇九八），字淳甫（純甫），又字夢得，成都華陽（今四川華陽）人。仁宗嘉祐八年（一〇六三）進士，曾在資州（治所在今四川資中）任龍水縣縣官。入局時才三十歲，是年紀最輕、在書局時間最長的一個。宋哲宗時，官至著作郎兼侍講、龍圖閣學士。

為人聰明，思路敏捷，勤奮好學，會寫文章。蘇軾曾稱讚他講書言簡意明，粲然成章，堪稱「講官第一」。

在編修《通鑑》的十五年間，范祖禹忠於職守，專心致志；主要負責唐代部分的起草工作。以後他自著《唐鑑》一書，敘述了唐高祖至唐昭宗三百年間的歷史概要，並附有論斷三百零六篇。因此，又被稱為「唐鑑公」。據說，他的兒子范溫到汴京大相國寺去遊玩時，人們紛紛指着范溫叫「唐鑑之子」。這說明《唐鑑》在當時很有影響。所以，如果說劉攽、劉恕在入局時已經是精通歷史的專家，那麼范祖禹則是入局以後，在編修《通鑑》的過程中，培養、鍛煉出來的史學新秀。

劉攽、劉恕、范祖禹，不僅精通業務，長於著述，而且在政治上也跟司馬光志同道合。神宗熙寧二年（一〇六九）王安石變法開始後，司馬光極力反對，僅在熙寧三年（一〇七〇）二、三月間就給王安石接連寫了三封信，攻擊新法，聲稱他跟王安石的關係就像冰炭不可同器，寒暑不可同時。劉攽也指責新法不便，他被調往泰州就與反對變法有關。劉恕也認為新法不得人心，應該恢復舊制，被王安石拒絕以後，兩人成見日深。同年九月，司馬光因反對變法無效，出知永興軍（在今陝西西安）；第二年四月，又判西京留司御史台，退居洛陽。這時，劉恕在汴京更感到惶惶然無以自安，認為「不可久留」，終於以母親年老為藉口，請求調往南康軍（在今江西星子縣）。劉恕到南康軍以後，仍屬書局成員，在局外繼續編修。

范祖禹跟劉攽、劉恕有所不同。但他自幼父母雙亡，由叔祖范鎮撫養成人。范鎮也是保守派，跟司馬光是至交，兩人「相得甚歡，議論如出一口」，並以生同志、死同傳相勉。這樣，范祖禹跟司馬光的關係也可以想見。

所以，王安石不僅把司馬光看成保守派的一面旗幟，而且把劉攽、劉恕視為司馬光一黨。正是變法派和保守派的激烈鬥爭，導致了書局的西遷。同時，司馬光跟二劉一范在政治上志同道合，又是他們同心協力編寫《通鑑》的必要條件。

神宗熙寧五年（一〇七二）正月，書局遷到洛陽。次年，范祖禹也到了洛陽；此後一直跟司馬光在一起，成為司馬光的主要助手。

由此可見，司馬光選配的這個集體編寫班子，無論是業務水平還是政治態度，都是很理想、很精幹的。所以，《通鑑》完成以後，司馬康曾對他的好友晁説之説：「《資治通鑑》之成書，蓋得人焉。史記、前後漢則劉貢甫，自三國歷七朝而隋則劉道原，唐迄五代則范純甫。此三公者，天下之豪英也。」同時，晁説之也説過，《通鑑》這部書，有賢傑相助，攻堅析微，哪能編不好呢？可見，人員選配得當，分工得體，這是《通鑑》成書的主要原因之一。

不過，司馬康把後五代部分完全歸功於范祖禹，這是不公平的。因為在范祖禹以前，劉恕曾經做過後五代部分的起草工作，這在前面我們已經談到了。范祖禹在《進唐鑑表》中也只說他分職唐史，不曾提及五代。這又是劉恕做過後五代部分的旁證。實際情況是，劉恕因病沒有完全脫稿，他死後又由范祖禹加以整理。這一點，以後我們還會談到。

注釋：

① 中書舍人是中書省（中央行政的決策機關）的要員，負責承辦各種文書，起草正式詔令。

② 六經，一般指《詩經》《尚書》《禮記》《樂記》《周易》《春秋》，是儒家經典的統稱。

③ 即三墳、五典、八索、九丘，指傳説中的上古史籍而言。這裡指他熟悉古史。

④ 直到熙寧四年（一〇七一）二月以後，劉攽才離京赴任；他通判泰州以後便脱離了《通鑑》的編修。通判一職，略次於州府長官，但有共同簽署公事和監察官吏的權力，故又稱監州。

五 《通鑑》的編寫程序

要集體編寫一部卷帙浩繁的歷史巨著，固然要有得力的人選，否則就難以勝任；但是，人員確定之後，還必須有一個周密的考慮，訂出切實可行的編寫程序和工作方法，以便分工合作，有條不紊，這樣才不至於事倍功半，或者勞而無功。在這方面，司馬光等人集體編寫《通鑑》的具體經驗，仍然是可以借鑑的。

《通鑑》既是一部編年體史書，首先就要準確地考訂年、月、日，否則就很難保證記事翔實，準確可信。這本來是一項非常細緻、複雜的工作，但是司馬光根據宋代著名天文學家劉羲叟編的《長曆》①，把每一年的節氣、星象、朔閏等逐一排定，既減少了繁難，又避免了許多錯誤。

早在書局成立以前，司馬光就完成了《曆年圖》和《通鑑》前八卷（即《周紀》五卷、《秦紀》三卷），所以，考訂年月日的工作已經不成問題。開局以後，主要就是作叢目、編長編和刪改定稿。

作叢目的方法是，先由每個助手收集資料，並按着時間順序，分別把它們歸納在每年之下；日不清楚的按月，月不清楚的按年，年月日都難以考訂的，便根據具體內容，或者放在同一事目的前邊，或者放在同一事目的後邊。總之，要對每一條史料進行分析，儘量推斷出時間的早晚，附在相應的年月日之下。

叢目要求史料齊備，時間清楚；只要與時事稍有關聯的，就要儘量依次添附。在收集資料的過程中，如果遇到不屬於自己承擔範圍的史料，還要另紙抄出，轉給有關的助手。

編長編就是把作叢目時編排的資料全部檢出，進行分析、鑑別，考證異同，去偽存真。對記載同一事件、文字又有差異的，就採用明白詳備的一種；對互有詳略、互有發明的，就取各家之長，綜合歸納，重新整理成篇；對時間、史實說法不同，互相矛盾的，就採用證據分明、接近史實的一種；實在難以考訂虛實的，也可以兩存其說；重複的則加以淘汰。同時要把取捨的根據和理由扼要注明，沒有採用的材料也要附在後邊，供刪改定稿時參考。編長編時的原則是「寧失於繁，毋失於略」。

最後是刪改定稿。從長編到定稿，往往不是一次完成的；有時先要粗略刪改，成為「廣本」，並寄給有關助手過目。然後再細刪，加工潤色，成為定稿。有人認為，所謂的「廣本」，就是根據長編錄出的複本。在刪改定稿的過程中，取捨是否得當，考證是否精確，文字是否清楚，體例、規格是否前後如一，都是必須解決的問題。這是非常細緻、非常艱巨的工作，工作量是相當可觀的。據說僅唐代長編就多達六百卷，比定稿後的全部《通鑑》還要多出一倍以上；司馬光花了大約四年的時間，定稿後只刪存八十一卷。為了減少反覆抄寫的煩難，長編都用大字抄寫，每一事目之後空出一行白紙，以備剪貼。

二劉一范既然是分段進行起草工作，那麼主要就是作叢目和編長編；加工定稿則由司馬光總其成。所以，劉恕的兒子劉羲仲在所著《通鑑問疑》中說：「道原（劉恕）在書局，只類事跡，勒成長編；其是非予奪之際，一出君實（司馬光）筆削。」劉恕是這樣，劉攽和范祖禹當然也不會例外。這樣說，並不會貶低三個助手的作用，因為在作叢目、編長編時，也需要分析、鑑別的能力，也要下一番是非予奪的功夫；同時，司馬光的是非予奪，又是在長編的基礎上進行的，其中就包含了劉恕等人的辛勤勞動。再說，司馬光在刪改定稿時，經常跟劉恕等人磋商。所以，就全書的編寫而言，劉羲仲的話，是符合實際的。

注釋：

① 劉羲叟編過《新唐書》的《曆律志》和《天文志》，著有《劉氏輯曆》。《長曆》已經失傳，賴《通鑑目錄》和《稽古錄》得以保存。

六 《通鑑》的完成

在汴京時，書局設在崇文院。崇文院包括昭文館、史館、集賢院（以上通稱「三館」）和秘閣。這是宋代皇家藏書最豐富的地方。

宋初，「三館」藏書不過萬餘卷；宋太祖（九六〇—九七六在位）在平定各地時，注意收集圖書，充實「三館」，所以，到他晚年時，已經是群書漸備。宋太宗（九七六—九九七在位）嫌「三館」房屋僅蔽風雨，年久失修，曾親自籌劃，加以改建；同時多次下詔，搜集遺編墜簡，獎勵獻書。當時的藏書包括副本在內已超過八萬卷；以後又把「三館」裡的珍貴圖書抽出一萬卷，藏於秘閣。宋真宗時修建的天章閣、龍圖閣，也藏有不少秘籍；尤其是龍圖閣所收，校勘最為精詳。宋仁宗時編的《崇文總目》，共著錄圖書三萬零六百六十九卷。可見當時藏書之富。

司馬光要編《通鑑》，圖書資料也是不可缺少的重要條件。宋英宗不僅把書局設在條件優越、收藏宏富的崇文院，而且准許司馬光等人借閱「三館」和諸閣圖書，並供給筆札和用品。宋神宗原封潁王，他即位後又把潁邸舊書二千四百多卷送給司馬光使用。

除了國家藏書以外，還有許多私人藏書可以借閱。宋代藏書家很多，有的還世代相傳，續有所收。李淑字獻臣，外號李邯鄲，藏書三萬多卷。他父親李若谷自幼遊學洛陽，以後又在京洛一帶做官。宋敏求字次道，也是藏書世家。不僅收藏數量很多，而且校勘精審，有不少善本，為其他藏書家所不及。藏書家錢惟演的孫子名叫錢勰，字穆父，也跟司馬光同時。晁說之也曾經自稱，晁家的藏書雖然不敢跟宋敏求爭多，但在校勘的精良上，卻不亞於宋氏。可見晁說之的藏書也不能低估。在這些藏書家裡，有的還是司馬光的好友，借閱是很方便的。所以，蘇軾在上引《李氏山房藏書記》中又說：「近歲市人轉相摹刻諸子百家之書，日傳萬紙，學者之於書多且易致如此，其文詞學術當倍蓰（五倍叫蓰）於昔人。」這正是司馬光修《通鑑》時的情況。

從宋英宗治平三年（一〇六六）四月書局設立，到宋神宗熙寧五年（一〇七二）正月書局遷到洛陽的五年間，《前漢紀》三十卷、《後漢紀》三十卷、《魏紀》十卷，已經完成。到洛陽以後，圖書資料當然沒有汴京那樣方便，但是，洛陽是宋朝的陪都，當時稱西京，自古以來就是政治經濟的中心。這裡文化發達，版刻盛行，又是文人學者薈萃之地。當時，許多反對王安石變法的老官僚也都集中在洛陽。圖書典籍自然不少。同時，一方面有前段工作的基礎，另一方面司馬光在洛陽、劉恕在南康也各有一定的藏書。司馬光的獨樂園存書五千卷，宋費袞《梁溪漫志》則說有「文史萬餘卷」，藏書也不算少。劉恕雖說家無長物，但父輩留給他的「唯圖書而已」。上引《李氏山房藏書記》，就是記述他家藏書概況的。蘇軾曾給他寫詩說：「十年閉戶樂幽獨，百金購書收散亡。揭來東觀弄丹墨，聊借舊史誅奸強。」說明他對搜求圖書也格外用心。

司馬光退居洛陽，是因為同王安石政見不同，受到變法派的排擠，所以甘願投閒置散。此後，六任冗職[①]，不問政事；宋神宗也隨其所欲，照發俸祿，對政績卻不予責求。所以，時間是非常充裕的。蘇軾說他「樽酒樂餘春，棊局消長夏」，這或許反映了司馬光超然世外的心情，不過司馬光並不是飽食終日，無所用心，而是把全部精力用到了《通鑑》的編寫上。司馬光自己說，他「既無他事，得以研精極慮，窮竭所有，日力不足，繼之以夜」。正反映了這種實際情況。

古代的書多是卷軸式的，每卷長約四丈。司馬光給自己規定的任務是每三天刪改一卷；如果因事耽誤，沒有按時完成，日後一定補齊。宋馬永卿《嬾真子》記載，司馬光每天晚上讓老僕先睡，自己卻看書看到深夜，然後才掩火滅燭而睡；到五更初，又爬起來點燈著述，夜夜如此。

其實，這種發憤讀書，刻苦著述的精神，不獨司馬光為然。劉恕在南康也是如此。他讀書時也有一股子如醉如痴的勁頭，經常廢寢忘食。飯菜涼了仍顧不得吃，夜裡思考問題往往是通宵達旦。有一次，他到宋敏求家去借閱圖書，宋敏求非常熱情，以酒食相待；劉恕卻回絕說：

「我是來看書的，不是來吃飯的。希望您把它拿走，免得影響工作。」於是，他每天閉門讀書，連夜抄寫，只十幾天時間，就把他需要的部分全部抄完。

宋神宗熙寧九年（一〇七六），劉恕曾跋山涉水數千里，前往洛陽，討論編書的事。這時他已染病在身，並且知道難以痊癒，估計死期在即。幾個月以後，當他趕回南康時，他母親已經去世，他自己也很快得了風疾，半身偏廢。即使在這種情況下，他仍然堅持編書，「每呻吟之隙，輒取書修之」。直到病情危急、無法編寫的時候，他才把書稿捆起來，派人送到洛陽，並於神宗元豐元年（一〇七八）九月去世。所以，司馬光曾經說，劉恕「未死之前，未嘗一日捨書不修」。由此可見，劉恕的後五代長編很可能沒有全部完成，或者雖已完成，他死後又經范祖禹加以整理。所以說，劉恕和范祖禹都做過後五代部分。

這樣，在書局遷到洛陽以後的前八年中，就完成了晉、宋、齊、梁、陳、隋部分，共一百零六卷；到神宗元豐七年（一〇八四）底，又完成了唐和後五代部分，共一百一十卷；此外，《資治通鑑目錄》、《資治通鑑考異》各三十卷，也同時完成。

《通鑑》一書，如果從英宗治平三年（一〇六六）四月書局成立算起，用了十九年時間。這正是司馬光四十八歲到六十六歲這段學問成熟、造詣精深的時期。如果從司馬光立意著述算起，則有三十年左右的時間。所以，司馬光在《進通鑑表》中說：「臣之精力，盡於此書。」這話一點也不誇大。因為《通鑑》一書確實凝聚了司馬光畢生的心血。劉恕、范祖禹也把自己一生中的黃金時代，獻給了這部歷史巨著。

當司馬光完成《通鑑》時，儘管已經筋骨疲憊，視力退減，神智衰耗，牙齒也所剩無幾，但是，總算了卻一件心事。所以他說：「雖委骨九泉，志願永畢矣。」

據說，《通鑑》的草稿在洛陽堆滿了兩間屋子；黃庭堅曾經翻閱過幾百卷，竟連一個草字都沒有。一九六一年，文物出版社影印了《宋司馬光通鑑稿》，只有二十九行，四百六十多字。這個殘稿記載的是東晉元帝永昌元年（三二二）一至十二月的大事提綱。這段稿紙上，本來寫有范純仁給司馬光兄弟的信和司馬光自擬的陳謝狀。司馬光用淡墨把字跡塗去，然後在上面寫了提綱。幾乎每一個字都工工整整，毫無潦草的痕跡。司馬光治學嚴謹，一絲不苟，和注意節儉的可貴品質，由此可見一斑。

司馬光曾經對人說，《通鑑》編成以後，只有一個名叫王益柔（字勝之）的人通讀過一遍，其他人往往讀不了幾卷，就倦然思睡。讀《通鑑》之難尚且如此，編《通鑑》之難更可想而知。司馬光等人編寫《通鑑》的恆心和毅力，不能不令人欽佩。

神宗元豐八年（一〇八五）九月，范祖禹、司馬康、劉安世、黃庭堅等人，又把《通鑑》重行校定；第二年，即哲宗元祐元年（一〇八六）十月，才將定本交杭州雕板。在這之前一個月，司馬光已經去世了，沒有見到《通鑑》的刊行。

注釋：

① 指兩任西京留司御史台，四任提舉嵩山崇福宮。嵩山在今河南登封縣北。

七 《通鑑》的歷史價值

我們已經知道，《左傳》是我國第一部編年史，《史記》是第一部紀傳體通史。六世紀時，梁武帝蕭衍（五〇二—五四八在位）曾組織編寫一部多達六百卷的《通史》，並聲言此書一出，眾史皆廢。《通史》敘事起自三皇，迄於齊代，體例全仿《史記》，只是沒有「表」。但是，這部規模龐大的《通史》很早就散失了，不曾流傳下來。而司馬光的《通鑑》，既繼承了《左傳》的編年體例，又具備了像《史記》那樣的通史規模，在敘事時間上大體跟《左傳》相接，始於周威烈王二十三年（前四〇三），終於後周顯德六年（九五九），按照周（戰國）、秦、漢、魏（三國）、晉、宋、齊、梁、陳、隋、唐、後梁、後唐、後晉、後漢、後周的次序，記載了十六代，凡一千三百六十二年的歷史，成為我國第一部規模宏偉、成就空前的編年體通史。

所以，《通鑑》的編成，是古代史學上的一個創舉。近代學者梁啟超（一八七三—一九二九）指出，《通鑑》確實是中古以來的「一大創作」；它「至今傳習之盛，與《史記》、《漢書》相埒」。他還把司馬遷和司馬光並稱為我國史學界的前後「兩司馬」。這是非常恰當的評價。

到南宋時，著名史學家鄭樵（一一〇四—一一六一）發憤讀書四十年，獨自寫成了《通志》二百卷。它仿效蕭梁的《通史》，上起三皇，下訖隋代，分為本紀、世家、列傳、載記以及譜、略六個部分，是一部百科全書式的通史。其中二十略①是鄭樵的得意之作，對唐以前的典章制度、學術源流記載詳備，史料相當豐富。不過，本紀、世家、列傳部分，都是根據各史紀傳節錄而成，只是避免重複而已。所以，有人說《通志》的精要，在於義例；它不以考據見長。在編寫的難度上，《通志》也遠遠比不上《通鑑》。

為了說明《通鑑》在史學上的貢獻和價值，我們分如下四點，扼要說明。

取材廣泛，網羅宏富

司馬光在《進通鑑表》中說，他「遍讀舊史，旁採小說，簡牘盈積，浩如淵海」。可見，凡是當時能夠收集到的圖書資料，他都儘量找來參考；《崇文總目》中著錄的史部書籍，他也普遍翻閱。《四庫全書總目提要》根據宋高似孫《緯略》的記載說，《通鑑》採用的書，除了「正史」以外，僅雜史就有三百二十二種之多。所以，取材廣泛，網羅宏富，是《通鑑》的歷史價值之一。

《通鑑》的取材，雖然主要來自於「正史」，但它博採兼收，注意在「正史」和雜史之間擇善而從。在這方面，司馬光有獨到的見解，敢於突破以前史學家的傳統偏見。宋真宗時編《冊府元龜》②，幾乎全是從六經、正史和唐、五代的詔令、奏議中取材的，對於雜史、小說以及當時人寫的自述、追敘等，則一概不取。王欽若等人這樣做，當然也有他的道理。司馬光卻認為：「『正史』、實錄未必皆可據，雜史、小說未必皆無憑。」這種敢於懷疑「正史」、實錄，對史料進行具體分析、抉擇去取的精神，使他跳出了前人的狹小圈子，接觸到更多的史料。這是《通鑑》取材廣泛，網羅宏富的重要原因。有人估計，司馬光參考過的資料，約有三千多萬字，這是不過分的。

在司馬光參考的各類史籍中，除了流傳至今的十九部「正史」、荀悦的《漢紀》和袁宏的《後漢紀》以外，南朝劉宋以前的九家後漢書當時尚有存者，華嶠的《後漢書》、司馬彪的《續漢書》等，司馬光都曾參考並引用過。記述三國歷史的，如晉孫盛的《魏氏春秋》、魏魚豢的《魏略》、晉習鑿齒的《漢晉春秋》等，記述南北朝歷史的，如晉干寶的《晉紀》、宋裴子野的《宋略》、魏崔鴻的《十六國春秋》、梁蕭方等的《三十國春秋》等，也都在採用之列。唐代以後，官修實錄，成為定例。歷朝實錄也是司馬光參考的重要史料，此外，對稗官野史、百家譜錄、正集別集、墓誌碑碣、行狀別傳等，司馬光等人也不曾忽視。上述各書現在或者全部散失，或者大部分失傳，只剩後人輯本；唐代歷朝實錄，存世的只有韓愈編寫的《順宗實錄》一種。這些已經亡佚的史書，正是由於《通鑑》的引用，才使部分史料保存下來。

唐柳芳曾撰有《唐歷》四十卷，敘述了隋義寧元年（六一七）至唐代宗大曆十四年（七七九）這段歷史。司馬光對它十分愛重，不僅採納幾盡，而且以它為據，辨證抵牾，決定去取，所以僅在《通鑑考異》中，就提到過百十處。因此，柳芳此書，可以說是名亡實不亡。

對五代十國這段歷史，司馬光等主要參考了薛居正監修的《舊五代史》，不大重視歐陽修的《新五代史》。因為《舊五代史》修於宋初，並以范質的《五代通錄》和歷朝實錄為稿本，編修者距五代稍近，敘事首尾完備，比較可信。但是《舊五代史》到金章宗（一一九〇—一二〇八在位）以後便不受重視，明朝時在民間已經沒有傳本，只有宮廷尚有存書。今天我們看到的《舊五代史》，是清乾隆年間修《四庫全書》時，從明朝《永樂大典》[3]中輯出，再用《冊府元龜》、《通鑑考異》等書中引用的《舊五代史》史料加以補充，恢復了原書的十之八九。可以說，《通鑑》還保存了不少在今本《舊五代史》中見不到的史料。

作為一部通史，《通鑑》繼承了《史記》以來略古詳今的優良傳統。在全書二百九十四卷中，戰國秦漢六百二十二年，有六十八卷；魏晉南北朝三百六十九年，有一百零八卷；隋唐五代三百七十一年，有一百一十八卷。略古詳今的特點十分明顯。就史料價值而言，也是後大於前。因為越往後，取材越廣，網羅越富，編寫越難。據近代學者章炳麟（一八六九—一九三六）稱，《通鑑》於西漢部分全採《史記》、《漢書》；東漢部分十之七八取自《後漢書》；魏晉至隋，採自「正史」的史料，也有十之六七；至於唐代，「正史」中的史料還佔不到一半。

由此可見，《通鑑》的確是取材廣泛，網羅宏富。尤其是它取材雖以「正史」為主，但又不遺巨細，兼採雜史，這就彌補了「正史」的不足，使記事更臻完備，同時又保存了許多亡佚史書的部分內容或片斷，有助於我們了解某些事件的部分真相。所以，《通鑑》的史料價值是非常可貴的。

自著「考異」，說明去取

《通鑑》採用和參考的書既然如此之多，有時同一件事要根據四五種資料寫成，所以要做到取材精當，記事翔實，就必須辨明是非，考證異同，抉擇去取，這項工作貫穿於整個編修過程。為了向讀者說明各種史書對同一事件的不同記載，以及取捨的理由和根據，司馬光把這些考訂成果整理成《通鑑考異》。《通鑑考異》固然是編寫《通鑑》時的副產物，但是，它又是我們閱讀、研究《通鑑》時必不可少的重要參考書。

作為《通鑑》的輔翼著作，《通鑑考異》開闢了史書編纂的新途徑，創立了考異法。

古人注書，一般偏重於注文釋義，在文字訓詁上下功夫。劉宋裴駰的《史記集解》、唐司馬貞的《史記索隱》、唐張守節的《史記正義》，通稱《史記》三家注，是注《史記》的代表作。它們同顏師古的《漢書注》一樣，主要是考證文字，訂證謬誤，屬於訓詁派。唐高宗的兒子李賢注《後漢書》時也沿承此例。只有劉宋裴松之（三七二—四五一）為《三國志》作注時，與訓詁派志趣不同。

由於《三國志》內容簡略，裴松之便不再側重於注文釋義，而是兼採眾書，增補事實，並注意輯錄異聞，辨證是非訛異④。所以，裴注引書約二百種，注文超過《三國志》正文的三倍；這與其說是注書，還不如說是補史。裴注與《三國志》相輔相成。我們讀《三國志》，不可不讀裴注；裴注的史料價值，也不亞於《三國志》正文。特別是，它引用的許多六朝舊籍，現在多已失傳，更為歷史學家和考證專家所重視。這種別開生面的注書方法，直接影響了司馬光。

跟裴注相比，《通鑑考異》主要不是譜列史實，而是說明異同，辨論是非，重點在於考證。以前的史學家，遇到幾種相矛盾的記載時，往往只根據自己的判斷去下結論，至於這種結論是否正確，後人往往無法考查。司馬光卻把史料異同，取捨理由，逐條加以說明。這樣，我們不僅可以了解《通鑑》取材的依據，而且可以鑑別它的記載是否正確。《通鑑考異》還糾正了舊史的許多錯誤，並保存了許多古書的內容片斷，為我們了解和校勘古書提供了大量資料。人們研究《通鑑》引書情況的主要根據就是《通鑑考異》。

所以，司馬光既編了《通鑑》，又著了說明取捨原因的《通鑑考異》，這是前所未有的事情。《四庫全書總目提要》說，以前的修史之家，沒有自撰一書，說明去取原因的；如果有，就是從司馬光開始。

司馬光創立的考異法，成為我國古代史學的一個優良傳統，對後代史學家產生了深遠的影響。南宋李燾的《續資治通鑑長編》、李心傳的《建炎以來繫年要錄》，清徐乾學的《資治通鑑後編》、畢沅的《續資治通鑑》、夏燮的《明通鑑》等，都繼承了司馬光自注異同的體例；儘管他們採用的史料有多有少，考證有粗有精，具體體例也不盡相同，但都很重視考異。以考訂史實見長的清代乾嘉學派，也是沿着這條路子發展起來的；錢大昕的《廿二史考異》、王鳴盛的《十七史商榷》、趙翼的《廿二史劄記》，就是這個學派的代表作。因此可以說，跟前代史書相比，《通鑑》確實是一個很大的進步。

據實直書，善惡自見

我們衡量一部史書的貢獻和價值，主要是看它記事是否翔實可靠。在這一點上，《通鑑》跟它同時代的其他史書相比，是當之無愧的。

司馬光以前，在史書編寫上，主要有兩種偏見，即褒貶論和正閏論。

褒貶論就是所謂春秋筆法。孔子編《春秋》時，往往用含有微言大義的曲折文筆，對歷史上的人物事件進行品評，寓褒貶於敘事之中。歐陽修編《新五代史》時，便仿效孔子的義例，任意褒貶，並常常用「嗚呼」二字發端，抒發自己的感慨，以至有不少史實失真、評價失當的地方。所以，《新五代史》行世不久，就有人著書立說，指出它的許多錯誤和缺漏。

正閏論就是硬把一些王朝說成是正統的，而把另一些王朝視為非正統的，即閏位的僭偽政權。薛居正的《舊五代史》在梁、唐、晉、漢、周五書之後，另立「僭偽列傳」一目，專門記載那些稱霸一方，不向中原稱臣的割據政權。唐房玄齡的《晉書》也在「紀」、「志」、「列傳」之外，另立「載記」一目，專門記載十六國「僭偽」政權的事跡。

司馬光較前人進步的地方在於，他既不主張採用春秋褒貶之法，又不主張區分甚麼正統和閏位。他在《通鑑》卷六十九「論劉備即皇帝位」中強調指出：「臣今所述，只欲敘國家之興衰，著生民之休戚，使觀者自擇其善惡得失以為勸戒。」他認為只有根據功業的實際情況來寫，才能無所抑揚，無所褒貶，才能基本上符合事實，近於至公。就是說，在司馬光看來，史學家的責任只應是如實記述歷代王朝的興衰治亂和平民百姓的喜憂哀樂，反映統治者治理國家的成功或失敗，反映當時的生活和鬥爭，這樣做才是最真實、最公允的。至於政治的得失，人物的好壞，應該讓讀者根據歷史事實去自行判斷，以便總結經驗教訓，從中受到啟發。儘管司馬光所說的「觀者」，主要指最高統治者，他所說的「勸戒」，主要是幫助統治階級尋求統治人民的方法，有其時代和階級的局限，但是，他力圖糾正以往史學家們的某些偏見，提出這種據實直書、善惡自見的觀點，並在一定程度上付諸實踐，這是應該肯定的。

當然，司馬光對歷史上的人物事件，並不是也不可能沒有看法，沒有品評；恰恰相反，他總是儘量抒發自己的見解，想以此引導最高統治者採納他的政治主張。所不同的是，他把敘事和議論嚴格分開，主要在論贊裡去進行褒貶。《通鑑》引用前代史學家的論贊有九十五篇，他自己寫的「臣光曰」有一百一十四篇，共二百零九篇。這樣，在敘事部分便較為客觀，較為可信，主觀成分也少一些。

此外，在「正史」裡，「為親者諱，為賢者諱」是常見的現象，妖異神怪、荒誕不經的記載也很多；而《通鑑》卻不同於某些「正史」，它隱惡揚善的地方不多，迷信、浮誇、好奇的成分也多被刪去。對宗教邪說也持否定態度。所有這些都體現了司馬光據實直書，善惡自見的觀點。

據《通鑑》卷一百四十二記載，魏孝文帝經常對史官說：「時事不可以不直書。人君威福在己，無能制之者；若史策復不書其惡，將何所畏忌耶？」這段話跟司馬光「但據功業之實而言之」的觀點十分吻合。在他看來，即使對那些作威作福、橫行無忌的帝王，也應該把他們的罪惡如實記載下來，對一般大臣就更是如此了。

如南朝宋孝武帝劉駿（四五四—四六四在位），是一個臭名昭著的人物。他把他叔父的女兒納入後宮，封為貴妃，改姓殷氏。殷氏死後，劉駿帶領群臣去哭墳，誰哭得悲切，誰就被厚賞。有個名叫羊志的人，眼淚最多，事後別人問他哪來的這副急淚，他回答說：「我在哭我死去的小老婆！」劉駿還公開向群臣索取錢財，並根據他們的特點和長短肥瘦，給他們起綽號。他奢侈無度，大修宮室；終日酣飲，少有醒時。劉駿的祖父宋武帝劉裕（四二〇—四二二在位）是開國皇帝。他出身低微，做過農夫和小販；稱帝以後，生活用具仍很簡陋。當有人稱讚劉裕如何儉樸時，劉駿竟羞得無言以對。對劉駿的種種劣跡，《通鑑》描寫得生動具體，揭露得淋漓盡致，讀起來令人氣憤。

《通鑑》撕去了披在許多封建帝王身上的冠冕堂皇的外衣，記載了他們荒淫無恥、殘忍暴虐、誤國害民的罪行。對歷史上有作為的皇帝，有時也能指出他們罪惡的一面。如漢武帝（前一四〇—前八七在位）為了讓他的寵姬李夫人的哥哥李廣利立功封侯，便派他去遠征大宛（在今費爾干納盆地）；唐太宗（六二七—六四九在位）為了爭奪皇帝的寶座，竟殘殺兄弟，喋血禁門。司馬光都在論贊中提出批評。

唐德宗在貞元三年（七八七）外出遊獵時，順便來到農民趙光奇家裡。德宗問：「百姓幸福嗎？」趙答：「苦極了！」又問：「今年是大豐收，為甚麼還叫苦？」趙光奇指出，稅收苛重，官府強奪民糧，皇帝的優恤詔書，不過是一紙空文。於是，唐德宗免掉了趙光奇全家的徭役和賦稅。對這件事，司馬光發表議論說，德宗能到民家，趙氏又敢於訴說民間疾苦，這是千載難逢的事。唐德宗應該殺掉那些違抗命令，殘害生民，橫徵暴斂，盜竊公財和一味討好上司、吹噓所謂民間豐樂的人，然後革新政治，把國家治理好。可是唐德宗並沒有這樣做，他只不過免除了一家的徭役賦稅。四海之內如此廣大，天下百姓如此眾多，哪能人人都向皇帝訴苦，戶戶都被免稅呢？司馬光認為，上情不能下達，下情不能上通，「民愁怨於下而君不知」，這是造成「離叛危亡」的原因之一。這說明司馬光雖然是從總結興衰治亂的經驗教訓出發，但是在客觀上卻暴露了封建社會的黑暗面，對民生疾苦也寄予了某種同情。

《通鑑》不僅沒有迴避「官逼民反」的事實，而且對歷次農民起義的原因、經過，做了詳細的記載。唐懿宗咸通十年（八六九）六月，陝民暴動，驅逐觀察使崔蕘便是一例。崔蕘自命清高，不問政事。百姓向他訴說旱情如何如何嚴重，他不但不聽，反而指着官舍裡的樹說：「此樹綠葉成蔭，何旱之有！」把上訴的百姓痛打一頓。人們忍無可忍，一怒之下，就把崔蕘趕走。後來，崔蕘逃到一個農民家裡找水，農民便讓他喝尿。

在《通鑑》裡，陳勝、吳廣領導的第一次農民大起義，被稱為「起兵於蘄」；東漢末年的平林、赤眉起義是因「飢寒愁苦起事」；唐朝末年黃巢起義的爆發，也同官吏的「侵掠」有關。尤其是黃巢起義，聲勢浩大，轉戰南北，並先後攻入洛陽和長安。起義軍攻入洛陽時，閭里晏然；到長安以後，「甲騎如流，輜重塞途，千里絡繹不絕。民夾道聚觀」。可見軍威雄壯，紀律嚴明，深受歡迎。入城後，黃巢的部將尚讓宣告說：「黃王起兵本為百姓」，我們不像李氏王朝那樣，不愛護你們；你們只管安居樂業，不要害怕。這又寫出了起義軍的目的和口號。《通鑑》再現了這次波瀾壯闊的農民戰爭的生動畫面，相比之下，某些唐朝將領卻顯得腐敗無能，某些「正史」也顯得大為遜色。當然，司馬光和其他封建史學家一樣，是站在反對農民起義一邊的。在他的心目中，起義者仍然被視為「盜賊」。但能夠如實記載，也是難能可貴的了。

司馬光處在北宋積貧積弱，對異族屈辱妥協，苟且偷安的時代。他把國家貧困，士卒驕橫厭戰，將帥無能，異族進犯，看成最可憂慮的事。所以，對歷史上的民族關係、民族矛盾，《通鑑》都加以記載。如漢與匈奴的關係，唐與突厥的關係，都比較詳細。尤其是到東晉、宋、齊、梁、陳和唐以後的梁、唐、晉、漢、周時期，《通鑑》在描述民族鬥爭的時候，又注意揭露和抨擊統治階級的陰險、昏聵，如晉元帝司馬睿（三一七—三二二在位）無志北伐和後晉高祖石敬瑭（九三六—九四二在位）喪權辱國、甘當兒皇帝的罪行，同時又大量記述勞動人民抵抗異族侵擾的鬥爭。這在一定程度上，反映了歷史的真相。

這說明，《通鑑》不僅在史料上可以補「正史」之不足，而且在史實的記述上，也有不少長於「正史」的地方。

敘事詳盡，文筆簡潔

「十七史」都是宏篇巨帙，讀起來比較困難。所以，古人曾經感歎地說：「一部『十七史』，不知從何說起。」《通鑑》卻敘事詳盡，文筆簡潔，減少了人們閱讀史書的煩難。清代學者錢大昕（一七二八—一八〇四）說：「讀『十七史』，不可不兼讀《通鑑》。」認為：「事增於前，文省於舊，唯《通鑑》可以當之。」指的就是《通鑑》的這一特點。

由於司馬光等人對歷代史實和典章制度非常熟悉，對史料的處理又有一個由粗到精、由繁到簡的過程，能夠提要鈎元，融匯貫通，做到了詳而不蕪，疏而不漏，所以，《通鑑》不僅逐年逐月、條分縷析地記載了一千三百多年間的重大歷史事件，而且還兼述了天文、地理、水利、兵制、財政賦稅以及政府機構等典章制度方面的情況。所以，胡三省曾說：「讀《通鑑》者，如飲河之鼠，各充其量而已。」

在對歷史事件的敘述中，軍事方面的內容佔了很大的篇幅；在對戰爭或戰役的描寫中，敘事詳盡的特點，也表現得最為突出。赤壁之戰、淝水之戰是人們熟悉的兩個古代著名戰例。前者事跡交錯，後者頭緒紛繁，是非常複雜而又重要的兩次大戰役。例如，在赤壁之戰中，魏、蜀、吳三國的謀臣良將大部分登場，涉及到曹操、劉備、孫權以及諸葛亮、周瑜、黃蓋等幾十個人物；有關的記載，散見於《後漢書》和《三國志》中的許多「紀」、「傳」。即使把這些史料全部通讀一遍，也很難搞清楚赤壁之戰的來龍去脈。《通鑑》把各種史料集中起來，經過剪裁、潤色、敘述、穿插，不僅把這次戰爭的起因、經過和結局，講得清清楚楚，明明白白，而且把許多處境不同、性格不同的歷史人物，描繪得栩栩如生，躍然紙上，成為文學史上的名篇。對淝水之戰的描寫也是詳詳細細。對各種戰爭，無論大小，《通鑑》都寫得有頭有尾，有聲有色。這不僅為研究歷史，特別是軍事史提供了方便，而且在文學史上也有很高的成就。

《通鑑》約三百萬字，但是，從它囊括古今的豐富內容來看，又是非常簡煉的。它雖是集體編修，史料又取自各類史書，但是經過一番精雕細刻、錘煉陶冶的功夫，又做到了簡明生動，通俗流暢，文字風格前後如一。

司馬光等人很欣賞荀悅《漢紀》的簡潔，西漢這段史實又全據《史記》、《漢書》，敘事範圍也超不出《漢紀》。但是，《通鑑》對西漢事跡的記述不僅遠遠優於《漢紀》，而且跟《漢紀》的面目也迥然不同。魏晉以後史料漸多，編寫起來更費功夫，《通鑑》也取得了卓越的成就。所以，金毓黻先生在《中國史學史》中說，《通鑑》沒有一句話不是出自《史記》、《漢書》，又沒有一處是抄襲《史記》、《漢書》，不僅西漢如此，全書無不如是。宋代理學家朱熹也說：「《通鑑》文字有自改易者，仍皆不用《漢書》上古字，皆以今字代之。」由此可見，司馬光等人是獨出心裁，別具匠心。就文筆而言，淳厚質樸，簡潔通暢，有如行雲流水，毫無雕琢的痕跡。與其說《通鑑》是根據舊史加以改編，不如說是取諸史之長，重新創作。

《通鑑》行世以後，歷代傳習，深受重視，不僅成為同《史記》、《漢書》相媲美的偉大歷史名著，而且使編年體史書的面目從此為之一新。即使在今天，我們要了解一千三百多年的歷史概要，仍然離不開《通鑑》。《通鑑》確是我國編年體史書中的巨擘。

注釋：

①二十略：氏族、六書、七音、天文、地理、都邑、禮、謚、器服、樂、職官、選舉、刑法、食貨、藝文、校讎、圖譜、金石、災祥、昆蟲草木。

②《冊府元龜》，王欽若等人主編，成書於宋真宗大中祥符六年（一〇一三），共一千卷。它把上古至五代的事跡分為三十一部、一千一百零四門，往往整段整節地抄錄史料，是宋代資料價值很高的類書之一。

③《永樂大典》是我國歷史上最大的一部類書。凡二萬二千八百一十七卷，一萬一千零九十五冊，三億七千萬字。它先後毀於英法聯軍和八國聯軍。現在只有八百零八卷以及五頁殘頁保存下來。

④《四庫全書總目提要》卷四十五把裴注綜合為六類：「一曰引諸家之論以辨是非，一曰參諸書之說以核訛異，一曰傳所有之事詳其委曲，一曰傳所無之事補其缺佚，一曰傳所有之人詳其生平，一曰傳所無之人附以同類。」後四類都屬於增補史實。

八 《通鑑》的缺點和局限

《通鑑》是一部瑕瑜互見的封建史書。司馬光編《通鑑》的出發點是借古代之興衰，考今世之得失，為維護封建統治服務；同時，司馬光又是地主階級保守派的代表人物之一，他的思想屬於儒家的範疇，歷史觀也是唯心主義的。他信奉王道政治，推崇封建道德，頑固守舊，反對變革。所以，《通鑑》有許多封建糟粕，在內容、觀點和取材上也有不少缺點和局限。

司馬光的立場觀點，在《通鑑》的論贊中表現得最為突出。戰國時期是我國社會制度發生激烈變革的時代，周威烈王「初命晉大夫魏斯、趙籍、韓虔為諸侯」這件事，又是周室衰微的重要標誌。司馬光不僅以此作為《通鑑》的開端，而且還在這件事的下面寫了第一篇論贊。他認為「天子之職莫大於禮，禮莫大於分，分莫大於名」。魏、趙、韓三家瓜分晉國，這是王法所不容的；而周天子不僅不討伐這些亂臣賊子，反而給他們以合法封號，這簡直是背叛了儒家的綱常名教，鼓勵了犯上作亂。由此導致的諸侯紛爭，戰亂頻仍，生靈塗炭，都要由周天子承擔罪責。這裡，司馬光提出了一套維護封建秩序的辦法，並以此統帥全書，貫穿全書；他抨擊的是周朝天子，警告的是後代皇帝。這篇開宗明義的敘論，對我們分析司馬光的政治思想，理解《通鑑》名稱的含義和編寫目的，是非常重要的。

由於司馬光思想保守，主張維持現狀，所以，凡是他認為急進冒險或者不夠穩妥的事，往往加以反對。燕太子丹派荊軻刺殺秦王，他認為這是輕慮淺謀，自招禍敗。韓非為秦王出謀劃策，建議秦國進攻韓國，後來被李斯所害，他認為這是死有餘辜。漢代名將李廣治軍簡易，待人寬厚，用兵神出鬼沒，他卻擔心，如果都學李廣，豈不全軍覆沒！在這種保守意識的支配下，他對歷史上的進步改革和積極措施，總是不以為然。戰國時期的商鞅變法和趙武靈王胡服騎射，是兩次著名的政治改革。當時主張變革的言論很多，而《通鑑》的記載則比較簡略。

在有些論贊中，司馬光還以古諷今，發洩他對王安石變法的不滿。《通鑑》卷二百四十七論牛李維州之爭，就是一個明顯的例子。維州（在今四川理縣薛城鎮西）本來是唐朝的領土，又是川西的門戶。唐文宗大和五年（八三一），吐蕃將領悉怛謀投降唐朝，唐節度使李德裕收復了維州。這時唐朝國勢已衰，吐蕃又經常威脅長安，所以收復維州是件好事。可是，宰相牛僧孺卻堅決反對，認為收復維州只會失去信用，有害無益，硬讓把維州和降將悉怛謀退給吐蕃。這件事的是非問題成為牛李黨爭的重要內容，當時多數人同情、支持李德裕。到唐武宗會昌三年（八四三），已經做了宰相的李德裕又追論此事，反對牛僧孺放棄維州的做法。這就是司馬光寫這篇論贊的背景。

司馬光不顧吐蕃曾經進攻唐朝、威脅長安這一事實，聲稱唐朝剛剛跟吐蕃修好，便收復了吐蕃的維州，這是不講信用。他認為，收復維州事小，不講信用事大；李德裕講的是利，牛僧孺講的是義。並說，只追求利而忘掉了義，這是匹夫都深以為恥的事，更何況天子呢？在司馬光看來，牛李的是非無須爭論，牛僧孺肯定是對的。

在卷二百四十四的一篇論裡，司馬光曾批評牛僧孺「姑息偷安」；在這裡，司馬光之所以又是牛非李，大做文章，是要借牛李維州之爭，影射他跟革新派對西夏米脂四寨的爭論，反對王安石對西夏採取的積極行動。

原來，在宋神宗元豐年間（一〇七八—一〇八五），宋朝軍隊曾佔領了西夏的米脂、浮圖、葭蘆、安疆四寨。經過多次爭執和交涉，西夏始終未能索回。但是，到宋哲宗元祐元年（一〇八六）司馬光上台以後，他不顧許多大臣的反對，要把米脂等四寨拱手歸還給西夏。

由此可見，司馬光往往借古喻今，把論史當作政治鬥爭的工具，以闡發自己的主張和見解，反對王安石變法。此外，影射王安石和變法派的還有：卷一的智伯才德之論，卷五十一的樊英名實之論等。

總之，不論是司馬光自寫的「臣光曰」，還是他引用前代史學家原有的論贊，都反映了司馬光的觀點。雖然有一部分敘論是正確的，如卷二百六十三論唐代宦官之禍、卷二百八十八論朱溫誅宦官、卷二百九十一論馮道無廉恥等篇；有些觀點也是可取的，如主張舉賢任能，賞信罰明，虛心納諫，尚儉戒奢，以及對封建君臣胡作非為的某些批評等。但是，由於歷史的、階級的局限，司馬光推崇禮治，宣揚封建道德，和因循守舊、反對變革的思想觀點，在論贊中也表現得最為明顯，為封建統治階級服務的政治色彩也更為濃厚。

此外在內容、體例上，《通鑑》也有很多缺點。

《通鑑》基本上是一部歷代政治事件史或興衰治亂史，對歷代典章制度雖有敘述，但遠遠不如紀傳體中的書或志詳盡系統。尤其是經濟制度和社會生產等，記載比較簡略，對哲學、宗教、文學藝術、科學文化等，敘述更少。如漢高祖四年（前二〇三）初為算賦，到高祖十一年（前一九六）又減為一算六十三錢。漢惠帝即位後，又復田租十五稅一。這些《通鑑》都沒有記載。這至少說明司馬光對經濟制度的忽略。又如，對詩賦等文學作品，妖異符瑞等荒誕故事，事先曾決定一般不收，只是在有所譏諷或勸戒的情況下，才酌情收入，所以，《通鑑》連屈原的名字也沒有提到，杜甫也只被引用了「出師未捷身先死，長使英雄淚滿襟」的詩句。清代學者顧炎武（一六一三——一六八二）在《日知錄》中說，《通鑑》的編寫本來是為了「資治」，所以無暇記載文人。認為文人與「資治」無關，因而不載文人作品，這多少反映了司馬光的偏見。《通鑑》卷七載有劉邦拔劍斬蛇的事，宋王應麟（一二二三——一二九六）在《困學紀聞》中說，這是司馬光漏刪的。但是，迷信成分沒有剔除乾淨，以災異附會人事，這畢竟是《通鑑》的缺點。類似問題，劉恕之子劉義仲在《通鑑問疑》中曾多有批評。

在紀年方法上，《通鑑》也有缺點。儘管司馬光不主張區分正統和閏位，並聲稱他只是借年號以記事，並沒有甚麼尊卑褒貶。但是，在三國時，他採用曹魏的年號，又不注明孫吳和劉蜀的相應年號；在南北朝時，他採用南朝年號，又不注明北朝的相應年號。這樣，以一朝一國的年號為綱，繫以幾朝幾國的事跡，實際上便不能迴避有主有從和尊卑褒貶的問題。

同時，在同一年裡，凡是先後有過兩三個年號的，《通鑑》一律用最後一個年號紀年。如漢獻帝建安二十五年（二二〇）正月改為延康元年，十月魏文帝曹丕又改為黃初元年。在建安、延康、黃初三個年號中，《通鑑》用曹魏黃初元年紀年，可是記載的史實，主要是漢獻帝時的事情。這樣的紀年方法，既不能反映某些年號起迄的準確時間，又造成了用後一朝年號記前一朝事跡的自相矛盾的情況。又如隋煬帝在位十四年（六〇五—六一八），只用過大業一個年號。可是在大業十三年（六一七）十一月，李淵立了隋煬帝之孫楊侑為恭帝，改元義寧。於是

《通鑑》便以義寧元年紀年，並把這一年分為上下兩卷。兩卷所載均為隋煬帝時事，卻採用恭帝的年號。到大業十四年（六一八），又採用唐高祖李淵的年號，稱武德元年。實際上，這年三月，隋煬帝在江都（今江蘇揚州）被殺；五月，李淵即皇帝位，這才改元武德。所以，這樣的紀年方法，使讀者很不方便，稍不留心，就會把史實張冠李戴。

此外，《通鑑》在目錄和每卷之前總述年代的時候，又不用干支紀年，而是用《爾雅．釋天》中的歲陰、歲陽等名詞作紀年符號。這些名詞早已不再通用，現在使用起來更加不便。

在記載史實上，《通鑑》也有一些疏漏和錯誤。南宋洪邁（一一二三—一二〇二）的《容齋隨筆》和王應麟的《困學紀聞》，清代顧炎武的《日知錄》，都曾指出或加以糾正。

不過，總的看來，《通鑑》的缺點和局限跟它取得的成就相比，是瑕不掩瑜的。作為封建時代產生的卷帙浩繁的歷史巨著，這些問題是可以理解的。

九　胡三省的「注」和嚴衍的「補」

《通鑑》問世後，為它作注的便有司馬光的門生劉安世的《音義》和司馬康的《釋文》，現在均已失傳；比較完整地流傳下來的有南宋史炤的《釋文》和王應麟的《通鑑地理通釋》。

史炤《釋文》雖有草創之功，但失之粗疏，錯誤很多；王應麟的《通鑑地理通釋》是泛考古代地理沿革的著作，功力雖深，卻不是專注《通鑑》。全面注釋《通鑑》並有傑出成就的，要首推胡三省的《資治通鑑音注》。這就是我們一般所說的「胡注」。

胡三省（一二三〇—一三〇二），字身之，世稱梅磵先生，台州甯海（今浙江甯海）人，宋末元初的史學家。他父親篤好史學，對《通鑑》各注多不稱心，臨死前曾鼓勵胡三省予以刊正。胡三省接受了他父親的遺訓，決心用畢生精力研究和注釋《通鑑》。

宋理宗寶祐四年（一二五六）胡三省考中進士，以後便開始廣泛搜集資料，不遺餘力地研究《通鑑》；即使在遊宦期間，也隨身攜帶書稿，訪求異人異書，到處求教，終於仿照唐代陸德明（約五五〇—六三〇）《經典釋文》的方法，摘取《通鑑》的疑難字句加以解釋，作成《資治通鑑廣注》九十七卷；同時，著《論》十篇，敘述周至五代的興衰大要。宋度宗咸淳六年（一二七〇），又寫了《讎校通鑑凡例》。到宋恭宗德祐二年（一二七六）元兵攻入臨安（今杭州）時，上述諸稿在戰亂中丟失殆盡，多年心血，毀於一旦。

胡三省並不灰心。在亂定還鄉以後，他又重起爐灶，從頭做起。在重新作注時，他改變了把注跟《通鑑》分開、單另成書的作法，而是把《通鑑考異》和他自己的注散入《通鑑》正文之下，合為一編。這項工作完成於元世祖至元二十二年（一二八五），前後用了三十年時間。為了糾正史炤《釋文》的錯誤，他還寫了《通鑑釋文辯誤》，附在上書之後。

胡三省學問淵博，注釋的範圍也十分廣泛。凡是《通鑑》所涉及的典章制度、名物訓詁，以及郡縣沿革、民族來歷、姓氏淵源等，他都窮波討源，詳為注釋；對官制、地理的考證，尤為精詳。魚蟲草木，也儘量不漏。同時，對《通鑑》在文字和史實上的錯誤，胡氏也逐一注明，加以訂正。所以它名為音注，實際卻博大精深，是一部學術價值很高的著作。同時又兼及校勘，不過他往往偏重理校，有一定局限性，好在他從不輕易改動原文。

在《通鑑》敘事前後隔絕的地方，胡注注意說明前後的關聯和照應。凡是涉及以前事實的，便注明見某卷某年；凡與以後事實有關的，便注明為某人某事張本。對《通鑑》稱謂不一的地方，也一一注出。雖然只有寥寥數語，對讀者弄清事實的來龍去脈，卻十分方便。

《通鑑》有一套書法、義例。如周、秦、漢、晉、隋、唐等代皇帝，一律稱「帝」；皇帝到某個地方稱「幸」，死了稱「崩」。魏、吳、蜀，宋、齊、梁、陳，北魏、北齊、北周及後五代諸國的帝王，或者稱「帝」，或者稱「主」；他們到某個地方稱「如」，死了稱「殂」。對此，胡注也能隨文解釋。

胡注還有助於我們了解司馬光在論贊中借古喻今的微言大義。在論牛李維州之爭條下，胡注云：「元祐之初，棄米脂等四寨以與西夏，蓋當時國論大指如此。」這就告訴我們，司馬光這篇議論，是借唐代牛李朋黨之爭，影射宋代新舊兩黨之爭。這類問題，胡三省在《新注資治通鑑序》中還特意指明，提醒讀者注意。

胡三省注《通鑑》時，正是元兵南下，南宋江山難保、岌岌可危的時候；到《音注》完成時，南宋已經滅亡六年了。元朝初年，他隱居不仕。在《新注資治通鑑序》中，每當涉及元朝年號時，他都拒不採用，改為干支紀年。同時，在胡注的字裡行間，又蘊藏着深沉的愛國思想，寄託着不忘故國的遺民之恨。胡三省對民族危急和國破家亡，往往發表出自內心的感慨，說明他是一位很有民族氣節的學者。陳垣先生的《通鑑胡注表微》，對胡氏的生平、處境，以及他為甚麼注《通鑑》，怎樣在注《通鑑》時表達他的政治思想等等，作了精深的研究。

胡氏注書的目的，是為了方便讀者，其成就又遠在其他各注之上，對研究、閱讀《通鑑》幫助很大，所以，胡氏被稱為《通鑑》的功臣。

胡三省靠一個人的力量，注釋《通鑑》這樣的大部頭著作，本來就是一項艱巨浩大的工程；十九部「正史」中，除《史記》、《漢書》、《後漢書》、《三國志》以外，多數又沒有像樣的注釋可以參考，必須自起爐灶。所以，胡注的錯誤、缺點，是很難避免的。胡氏自己說：「前注之失，吾知之；吾注之失，吾不能知也。」這倒是比較客觀的態度。

到清代，研究《通鑑》胡注的著作，主要有陳景雲的《通鑑胡注舉正》(只存一卷)、錢大昕的《通鑑注辨正》，兩書均以考證地理為多。顧炎武的《日知錄》對胡注也有所舉正。

胡三省以後，嚴衍的《資治通鑑補》，是專門研究《通鑑》的長篇巨著。錢大昕在《嚴先生衍傳》中說：「其有功於《通鑑》者，胡身之而後，僅見此書耳。」可見，嚴衍是《通鑑》的又一位功臣。

嚴衍字永思，一字午庭，明嘉定（今屬上海市）人。他自幼喜讀史書，四十一歲時便朝夕探索，專門研究《通鑑》。嚴氏自稱，他有終日不食之時，沒有終日不讀之時；初讀《通鑑》時，好像臨海望洋，看不到邊際；再讀時，覺得它去取謹嚴，義例精深，不愧為體大思精；到三讀、四讀時，便發現它百中漏一，全璧微瑕。於是，嚴衍跟他的學生談允厚一起，根據歷朝舊史，一一校勘，又發現並指出了《通鑑》的許多毛病。

他們認為，《通鑑》對人物、事件的記載有詳有略。在記事方面，對朝綱國政敘述詳盡，對家乘世譜記載或略。在記人方面，對顯貴、方正之臣記載較多，對隱逸、俠烈之士記載較少；男的多，女的少；域內的多，域外的少。所以有不少缺漏。「漏」，即遺漏重要史實，這是《通鑑》的七病之一。其他六病：一是「複」，即同一事件，兩次記載，前後重複；二是「紊」，即編次失序，史實前後顛倒；三是「雜」，即同一人，先稱名後稱字，或先稱字後稱名，莫衷一是；四是「誤」，即把一人誤作兩人，或者兩人誤為一人；五是「執」，即司馬光固執己見，取捨失當；六是「誣」，即把本來沒有的事，也寫入了《通鑑》。正因為《通鑑》有許多毛病，所以他們要對《通鑑》進行補正。

他們從明萬曆四十三年（一六一五）起，對《通鑑》拾遺補缺，訂正訛誤，到明崇禎十七年（一六四四）為止，共用了三十年的時間，才最後勒定，成二百九十四卷。據談允厚講，此書訂正《通鑑》的部分不過百分之一二，補的部分則有十之三四，所以取名《資治通鑑補》。

補又分為兩類：有的補為正文，有的補為分注。凡是《通鑑》記載不夠周詳，或者根本沒有記載的重要事跡和言論，都補為正文。其他補為分注。補為分注的又有三種情況。一是附錄：有些事實雖有可採之處，但是，或者過於繁瑣，或者近於虛幻，不能補入正文，只有作為附錄；二是備考：對同一事實，《通鑑》和別的書記載不同，便譜列異說，補充考異；三是補注：對胡注的遺漏或錯誤進行補充或糾正。對《通鑑》編次失序的史實，嚴氏也予以移置，有時還注明理由和根據。

嚴氏師生治學嚴謹，實事求是，不肯妄下雌黃，訂正了《通鑑》和胡注的許多謬誤。他們還指出，胡注的主要錯誤是沒有發現《通鑑》中的許多脫字、漏字，有時竟將錯就錯，任意解釋，牽強附會，誤人不淺。同時，他們主要用他校的方法，糾正了胡三省偏重於理校的局限性。他們對《通鑑》和胡注的批評，有不少是切中要害的。由於有理有據，令人難以置疑。許多人們不易發現的問題，他們也細心指出了。所以，他們補正《通鑑》的工作，無論從規模上講，還是從質量上講，都是應該肯定的。《資治通鑑補》確實是我們研究和閱讀《通鑑》不可缺少的重要著作。

不過，《資治通鑑補》不僅有補充，有改正，有移置，而且還對《通鑑》作了刪節，這就不成其為補了。《通鑑》本來就篇帙浩繁，嚴氏師生又補得過多過濫，所以，清王應奎《柳南隨筆》說，它卷帙多至四倍，時人目為膨脹《通鑑》。嚴氏補所根據的史料，十分之九來自於「十七史」，遠遠沒有司馬光採用的三百多種那樣豐富，這也影響了《資治通鑑補》的價值。此外，嚴氏師生不僅在史料的取捨上有失司馬光的本意，而且在體例上，也對《通鑑》有所改易。如《通鑑》在三國時用曹魏的年號，而嚴氏父子改用劉蜀的年號，並把「魏紀」改稱「漢紀」，這就違背了司馬光借年以紀事，不講正閏，不寓褒貶的主張。

由於《通鑑補》卷帙繁巨，汗漫難讀，所以長期流傳不廣。直到清道光四年（一八二四），張敦仁才把補正《通鑑》原文的部分，彙錄刊印，稱為《通鑑補正略》。但遺漏頗多，使用不便。以後，隨着《通鑑補》的全刻本陸續問世，人們才對它逐漸重視起來。

十 《通鑑》的派生書

《通鑑》問世以後，不僅有許多人研究它、注釋它，而且還出現了它的補編、續編、改編和簡編。

補編《通鑑》的主要有劉恕和金履祥（一二三二——一三〇三）等人。劉恕曾建議司馬光從上古寫起，未被採納，於是準備把周威烈王以前的史實，補寫為「前紀」；把宋代前期的史實，補寫為「後紀」。但他因病早卒，未能如願，只完成了「前紀」，即《通鑑外紀》。《通鑑外紀》上起伏羲，下接《通鑑》；是以《國語》為主，薈萃諸家之說而成。但它不採《尚書》、《左傳》的史料，成書又很倉卒，史實不夠明備，所以流傳不廣。宋末元初金履祥嫌《通鑑外紀》偏信百家之說，不以經典為本，於是又主要根據《尚書》和《左傳》，引經據典，兼採舊史諸子，勒成《資治通鑑前編》。不過，金氏《資治通鑑前編》的史料去取往往失當，又雜有不少荒誕成分，跟《通鑑》的體例也不盡相同。所以它不一定強於劉氏的《通鑑外紀》。

南宋時，李燾（一一一五—一一八四）靠一個人的力量，用了四十年時間，於孝宗淳熙十年（一一八三）寫成一部九百八十卷的《續資治通鑑長編》，記載了北宋九朝（九六〇—一一二七）一百六十八年的事跡。據說，該書沒有刻本，宋以後傳本漸稀，清朝修《四庫全書》時，才從明《永樂大典》中輯出五百二十卷（其中尚缺英宗治平四年四月至神宗熙寧三年三月、哲宗元祐八年七月至紹聖四年三月和徽宗、欽宗各卷）。繼李燾之後，有李心傳（一一六四—一二四二）的《建炎以來繫年要錄》。它上接《續資治通鑑長編》，詳細敘述了宋高宗（一一二七—一一六二在位）一朝三十六年的歷史，也是後人從《永樂大典》中輯出的，雖然也不是足本，史料卻相當豐富。這兩部書不僅是重要的編年史，而且是研究宋史的必讀書。

此外，還有宋劉時舉的《續宋中興編年資治通鑑》，明薛應旂和王宗沐的兩家《宋元資治通鑑》等。它們或者過於簡略，或者失之疏陋，所以，真正稱得上續《通鑑》的，要算清代徐乾學（一六三一—一六九四）的《資治通鑑後編》和畢沅（一七三〇—一七九七）的《續資治通鑑》。

徐乾學的《資治通鑑後編》記載了宋、元兩代的事跡，體例、考異、敘論，也全仿《通鑑》。參加編修的萬斯同、閻若璩、胡渭等人，又都是當時學有專長的名家。所以《資治通鑑後編》超過了以前的各家續書。不過徐氏編修《資治通鑑後編》時，李燾的《續資治通鑑長編》、李心傳的《建炎以來繫年要錄》以及元代的文集、筆記等，都還沒有從《永樂大典》輯出，他依據的只是李燾《續資治通鑑長編》的殘本，這就影響了它的價值。

大約一百年以後，畢沅跟王鳴盛、錢大昕、邵晉函等人一起，根據修訂《四庫全書》時發現的許多新史料，對徐氏《資治通鑑後編》進行增補、訂正，用了三十年時間，完成了《續資治通鑑》。它取材豐富，敘事完備，對宋、遼、金三史又同樣重視，所以後來居上，又超過了徐乾學等人的著作。不過它仍有許多缺點，尤其是對元代史實的敘述，比較簡略。

明朝末年談遷的《國榷》，是明代的編年史，不過頗多散失。到清朝末年，續編明代史實的又有陳鶴的《明紀》和夏燮的《明通鑑》。這樣，以司馬光的《通鑑》為發端，逐漸形成了一套貫穿古今的編年體史書，在紀傳體「二十四史」之外，又出現了一個新體系。這不能不歸功於《通鑑》的成就和影響。

《通鑑》內容浩博，敘述史實往往前後相隔很遠，翻檢起來有一定困難。南宋袁樞（一一三一—一二〇五）有感於此，把《通鑑》中的史實，歸納為二百三十九個事目，依次敘述每一事件的發生、發展、經過和結束，寫成了《通鑑紀事本末》。袁樞的史料完全取自《通鑑》，只是整理編排之功而已。梁啟超說：「善鈔書者，可以成創作。」即指此而言。但是，袁樞因事命篇，決斷去取，在編年體和紀傳體之外，又別開蹊徑，創立了以事為主的紀事本末體。清代史學家章學誠（一七三八—一八〇一）說它「文省於紀傳，事豁於編年」，肯定了它的成就。

由於紀事本末體有它的長處，所以宋楊仲良又把李燾的《續資治通鑑長編》，改寫成《皇宋通鑑長編紀事本末》。明、清兩代也出現了不少仿效的著作。明馮琦編、陳邦瞻纂補的《宋史紀事本末》，眉目清楚，便於初學。此外還有陳邦瞻的《元史紀事本末》、清李有棠的《遼史紀事本末》和《金史紀事本末》、谷應泰的《明史紀事本末》，以及李銘漢的《續資治通鑑紀事本末》、高士奇的《左傳紀事本末》等。這樣，又逐漸形成了從古代到晚清的紀事本末體史書。

除了改編《通鑑》的紀事本末體以外，還有《通鑑》的簡編本或縮寫本。這類著作始於司馬光本人。我們前面提到的《稽古錄》以及他沒有完成的《通鑑舉要歷》，就屬於這一類型。南宋時，朱熹（一一三〇—一二〇〇）把《通鑑》提綱挈領，簡為一編，取名《資治通鑑綱目》。綱就是提綱或標題，用來揭示事件的性質；目就是對事件的敘述，或者說是對綱的解說。這樣有綱有目，眉目清楚，次序井然，被稱為綱目體。

跟朱熹同時的徐夢莘（一一二四——一二〇五），著有《三朝北盟會編》，也是綱目體。元代陳桱的《通鑑續編》，體例全仿綱目，它名為續《通鑑》，實際上是最先續《通鑑綱目》的著作。到明代，有補戰國以前史實的《資治通鑑綱目前編》，續宋、元史實的《資治通鑑綱目續編》。清代又有續明代史實的《資治通鑑綱目三編》。清代乾隆年間敕撰的《通鑑輯覽》，則簡明地敘述了從上古到明末的主要事跡。

這些續編、補編、改編和簡編，都可以視為《通鑑》的派生著作。它們的出現，不僅說明《通鑑》在封建史學領域產生的深遠影響，而且說明《通鑑》問世以後，在古代歷史編纂學上發生的巨大變化。所以，有人把《通鑑》的研究看成一門學問，稱為「通鑑學」。大概就與此有關。

以上我們對司馬光和《資治通鑑》作了粗略的介紹。儘管它吸收了許多學者的研究成果，但錯誤和缺點一定不少。瞿蛻園先生曾經說過：「既然《通鑑》本身的整理還沒有做到，今天就企圖將《通鑑》簡單地介紹出來，未免有點膽大。即使只是簡單的介紹，率爾操觚之咎總是無可辭的。」《司馬光和〈資治通鑑〉》這本小冊子更是如此。所以，歡迎讀者批評指正。

責任編輯　梅　林
書籍設計　彭若東
責任校對　江蓉甬
排　　版　高向明
印　　務　馮政光

書　　名　司馬光和《資治通鑑》
叢 書 名　大家歷史小叢書
作　　者　馮惠民
出　　版　香港中和出版有限公司
Hong Kong Open Page Publishing Co., Ltd.
香港北角英皇道四九九號北角工業大廈十八樓
http://www.hkopenpage.com
http://www.facebook.com/hkopenpage
http://weibo.com/hkopenpage
Email:info@hkopenpage.com
香港發行　香港聯合書刊物流有限公司
香港新界荃灣德士古道二二〇—二四八號荃灣工業中心十六樓
印　　刷　美雅印刷製本有限公司
香港九龍官塘榮業街六號海濱工業大廈四字樓
版　　次　二〇二一年五月香港第一版第一次印刷
規　　格　三十二開（128mm × 188mm）一一二面
國際書號　ISBN 978-988-8694-43-3